BEI GRIN MACHT SICH IHR WISSEN BEZAHLT

- Wir veröffentlichen Ihre Hausarbeit, Bachelor- und Masterarbeit

- Ihr eigenes eBook und Buch - weltweit in allen wichtigen Shops

- Verdienen Sie an jedem Verkauf

Jetzt bei www.GRIN.com hochladen und kostenlos publizieren

Bibliografische Information der Deutschen Nationalbibliothek:

Die Deutsche Bibliothek verzeichnet diese Publikation in der Deutschen National-bibliografie; detaillierte bibliografische Daten sind im Internet über http://dnb.d-nb.de/ abrufbar.

Impressum:

Copyright © 2015 GRIN Verlag
Druck und Bindung: Books on Demand GmbH, Norderstedt Germany
ISBN: 9783668625532

Dieses Buch bei GRIN:

https://www.grin.com/document/388568

Anke Koesterke

Minderjährige Flüchtlinge in der BRD. Aufgaben und Herausforderungen für die Soziale Arbeit

GRIN Verlag

GRIN - Your knowledge has value

Der GRIN Verlag publiziert seit 1998 wissenschaftliche Arbeiten von Studenten, Hochschullehrern und anderen Akademikern als eBook und gedrucktes Buch. Die Verlagswebsite www.grin.com ist die ideale Plattform zur Veröffentlichung von Hausarbeiten, Abschlussarbeiten, wissenschaftlichen Aufsätzen, Dissertationen und Fachbüchern.

Hochschule Esslingen

Migration und Behinderung im Hinblick auf Inklusion,

Ressourcengerechtigkeit und Barrierefreiheit

WiSe 2014/ 2015

Minderjährige Flüchtlinge in der BRD-
Herausforderung für die Soziale Arbeit

Anke Kösterke

Inhaltsverzeichnis

Einleitung

In dieser vorliegenden Hausarbeit möchte ich mich mit dem Thema der minderjährigen Flüchtlinge auseinandersetzen. Zum einen interessiert es mich persönlich, für mein weiteres Studium aber auch aufgrund der momentanen Aktualität.

Flüchtlinge leben unter uns, mitten in der Gesellschaft und doch trotzdem manchmal ganz für sich allein. Fast immer haben sie eine schwere Last mit Schwierigkeiten zu tragen, der sie lähmt und ihre Ressourcen oft blockiert. Soziale Arbeit mit Flüchtlingen, betrachte ich als äußert wichtiges Arbeitsfeld. Auch wenn dies ein extremer Kampf mit verengten Rahmenbedingungen, entwürdigenden Gesetzen und alltäglicher Hilflosigkeit ist. Zuerst möchte ich mich mit den Begriffen der Flüchtlingshilfe auseinandersetzen, um dann die Fluchtmotive und die Ursachen zu verstehen. Des Weiteren werde ich mich mit der rechtlichen Situation der Minderjährigen auseinander setzen. Im weiteren Verlauf möchte ich die Lebenssituation, die Unterstützungsmöglichkeiten aber auch die Herausforderung für die Soziale Arbeit kennenlernen. Ziel meiner Hausarbeit ist es, mehr zu diesem oft so breitgefächerten Thema zu erfahren. Ich habe mich auf das Thema der minderjährigen Flüchtlinge spezialisiert um diesen großen Bereich etwas einzugrenzen. Dasselbe gilt für die Verlust- Traumaerfahrungen der Kinder und Jugendlichen. Den Hauptschwerpunkt möchte ich eher darauf legen, wie die Lebenssituation und der Zugang zu Bildung der Minderjährigen ist.

Begrifflichkeiten

Migration und Flucht

Migration gilt als der Oberbegriff für freiwilliges und unfreiwilliges „Wandern" verwendet. Hierbei ist sowohl Arbeitsmigration als auch Fluchtmigration gemeint. Flucht soll hier keine Sonderkategorie einnehmen, sondern eine Form der Migration darstellen. Flucht weißt trotzdem einige Besonderheiten auf, die für die Migrationsforschung nicht gilt. So z.B. internationale Politik, Menschenrechte und Hilfsorganisationen. Im Jahre 1951 nahm der UNHCR seine Arbeit auf, um sich mit der globalen Flüchtlingspolitik zu beschäftigen. Dieser ist nicht mehr weg zu denken. Vor allem bei wachsender Migration, dass von Staaten als Bedrohung empfunden wird. Migration zählt auch aus diesem Gründen zu den high- politics.

Nach Artikel 1 der Genfer Flüchtlingskonvention gelten als Flüchtling: *„aus der begründeten Furcht vor Verfolgung wegen ihrer Rasse, Religion, Nationalität, Zugehörigkeit zu einer bestimmten sozialen Gruppe oder wegen ihrer politischen Überzeugung sich außerhalb des Landes befindet, dessen Staatsangehörigkeit sie* besitzt, und den Schutz dieses Landes nicht in Anspruch nehmen kann oder wegen dieser Befürchtungen nicht in Anspruch nehmen will; oder die sich als staatenlose infolge solcher Ereignisse außerhalb des Landes befindet, in welchem sie ihren gewöhnlichen Aufenthalt hatte, und nicht dorthin zurückkehren kann oder wegen der erwähnten Befürchtungen nicht dorthin zurückkehren will" (www.jurion.de). Die Genfer Flüchtlingskonvention bildet die Grundlage des internationalen Flüchtlingsrechts. Sie definiert wer im völkerrechtlichen Sinne als Flüchtling gilt. Dies wir aber von den unterschiedlichen Unterzeichnungsstaaten oft anders interpretiert, welches sich dann auch im Asylverfahren niederschlägt.

Unbegleitete und minderjährige Flüchtlinge

Als Unbegleitete, gelten Minderjährige die ohne Eltern bzw. Erziehungsberechtigte in die BRD kommen. Dazu zählen auch Minderjährige die bei der Einreise von ihren Eltern getrennt werden. Oder die Trennung über eine längeren Zeitraum sein wird, bzw. sich die Eltern aufgrund der räumlichen Trennung nicht um ihr Kind kümmern können. (vgl. Deutscher Caritasverband 2014, S. 17)

In der BRD gelten als Minderjährige, alle Kinder und Jugendliche die nach dem § 2 BGB das 18. Lebensjahr noch nicht vollendet haben und die Volljährigkeit noch nicht erreicht haben. Auch in der Un- Kinderrechtskonvention beschreibt dies der Artikel 1. Nach dem § 12 des Asylbewerberleistungsgesetz und dem §80 Aufenthaltsgesetz gelten Minderjährige jedoch ab dem 16. Lebensjahr als handlungsfähig und verfahrensmündig. (vgl. Marohn 2007, S.11)

Minderjährige Flüchtlinge: Zahlen und Ursachen

Anzahl der Minderjährigen in Europa

Die Datenlagen sind besonders unklar, aufgrund der unterschiedlichen Erfassung in den Ländern. In manchen Ländern werden nur Zugangsdaten, Bestandszahlen dokumentiert und in anderen gibt es verschiedene Erfassungen bezüglich des Alters der minderjährigen Flüchtlinge.

Außerdem ist eine Stellungnahme darüber schwer, wie viele Jugendliche an der Grenze zurückgewiesen oder abgeschoben werden und wie viele Kinder und Jugendliche illegal einreisen und sich dort befinden.

Nach dem deutschen Caritasverband stellten im Jahre 2011, 12.200 Minderjährige innerhalb der 27 EU- Staaten einen Antrag auf Asyl. Dabei bleibt die Zahl weiterhin konstant. Die große Mehrheit der Flüchtlinge war männlich und knapp die Hälfte kam aus Afghanistan. Die meisten Asylanträge wurden in Schweden, Deutschland, Belgien und dem Vereinten Königreich gestellt. Weitere in Österreich und Italien. Ein Zehntel der gesamten Asylanträge wird von unbegleiteten Minderjährigen gestellt. (vgl. Deutscher Caritasverband 2014, S. 18)

Aktuelle Zahlen in Deutschland

Der überwiegende Teil der Flüchtlinge ist männlich und zwischen 14-18 Jahren. Der größte Teil ist alleine unterwegs oder von ihren Eltern getrennt worden. Im Jahre 2011, lag der registrierte Anteil an minderjährigen Flüchtlingen bei 46% und der Anteil an allen minderjährigen Asylsuchenden lag bei 34%. Die Datenlage ist in Deutschland eher unbefriedigend. Das Ausländerzentralregister hat zwar Angaben über das Alter aber kann keine Rückschlüsse an eine familiäre Anbindung machen. Dadurch kann nicht erfasst werden ob ein Minderjähriger noch Familie in Deutschland hat oder nicht, sodass auch nicht erfasst werden kann, wie viele minderjährige Flüchtlinge in Deutschland leben. So liegt auch ein nur vager Wert vor, wie viele minderjährige von durchgeführten Abschiebungen betroffen sind oder in Abschiebungshaft genommen wurden. So reisen auch sicherlich Minderjährige unbemerkt nach Deutschland ein, um nicht in Kontakt mit Behörden zu kommen. So kann nur von Schätzungen ausgegangen werden. So ging Pro Asyl in einer Untersuchung von 3.000 bis 6.000 Minderjährigen aus. Die Zahlen vom *Bundesfachverband unbegleitet minderjähen Flüchtlinge* lagen bei 6.000 bis 10.000 minderjährigen Flüchtlingen. Seit 2008 stieg auch die Zahl der Minderjährigen die einen Asylantrag stellen. Die meisten kamen aus Afghanistan, Irak, Somalia und Syrien. Die Asylanträge verteilen sich auf die unterschiedlichen Bundesländer. So war Hamburg, mit 399 ein Bundesland das am meisten Asylanträge aufnahm, gefolgt von Hessen und Bayern. (vgl. Deutscher Caritasverband 2014, S. 19& 21)

Ursachen von Fluchtbewegungen

Es gibt meistens nicht nur einen Fluchtgrund, sondern eine Reihe von Gründen. Dabei sind Schub- Sogfaktoren zu unterscheiden. Schubfaktoren bewegen oder zwingen die Menschen dazu ihre Heimat zu verlassen. Ihre Bedingungen sind unerträglich oder werden als Bedrohung empfunden. Dazu zählen überwiegend, Naturkatastrophen, Armut, soziale Diskriminierung und politische Verfolgung. Sie werden durch Gewalt zu Flüchtlingen. Sogfaktoren bieten die Zielländer. Sie bieten Sicherheit, Freiheit und Arbeit. In der heutigen Zeit ist hierbei auch viel von Arbeitsmigration zu sprechen. Es geht dabei immer um eine Unzufriedenheit mit den Lebensbedingungen des Heimatlandes voraus. Aber nicht wie häufig gedacht, um eine hohe Arbeitslosigkeit in der Heimat. (vgl. Nuscheler 2004. S. 102-103) Kriege und Diktaturen stehen an erster Stelle der Fluchtursachen. Aber es kommt auch vermehrt zur Flucht aufgrund von Armut und Umweltzerstörung sowie von Repression. Wie z.B. das Verletzen der Grundrechte, Grundfreiheiten und die Unterstützung von Korruption. Opfer von Vertreibung und

Verfolgungen sind häufig aus ethnischen oder religiösen Gründen auf der Flucht. Jedoch aber auch das historische Geflecht der kolonialen Grenzziehungen hinterlassen ethnische Konflikte. (vgl. Nuscheler 2004, S. 107-109) Es gibt verschiedene Arten von Flüchtlingen: de facto-Flüchtlinge, Asylbewerber, Bürgerkriegsflüchtlinge und Asylberechtigte. Ein de-facto-Flüchtling musste aus einem flüchtlingsrelevanten Grund seine Heimat verlassen, wird aber aufgrund der Regelung des humanitären Völkerrechts nicht als Flüchtling anerkannt .Ein Asylbewerber ist eine politisch verfolgte Person, die das Recht auf Schutz bzw. Aufnahme genießt. Bis zur Klärung der Asylberechtigung erhält der Asylbewerber ein bedingtes Aufenthaltsrecht. Als Asylberechtigter wird anerkannt, wer von Seiten seines Heimatstaates wegen seiner Rasse, Religion oder politischen Überzeugung an Leib, Leben und Freiheit bedroht wird. Asylberechtigte genießen Aufenthaltsrecht und erhalten die uneingeschränkte Arbeitserlaubnis. Menschen die zielloser Gewalt ausgesetzt sind werden weder von den Bestimmungen der Genfer Konvention, noch der Asylbestimmungen abgedeckt. Eine individuelle Verfolgung kommt in den meisten Fällen der Flüchtlinge nicht mehr vor, man spricht eher von einer Binnenflucht. Eine Flucht vor Krieg, Vertreibung und Naturkatastrophen. Hierbei hat die Genfer Konvention versucht ihre Begrifflichkeiten zu erweitern. Wobei die öffentliche Meinung von einem stetigen Anstieg der Flüchtlingszahlen ausgeht, kommt es zu einer Verringerung im engeren Sinne der Genfer Konvention aber einem Anstieg von Flüchtlingen die innerhalb ihres Landes vertrieben werden. Da sie dann aber als Binnenvertriebene gelten und nicht unter die Definition des Flüchtlings fallen, haben sie keinen Zugang zu festgelegten Instrumentarien der Politik. (vgl. Treibel 2008, S. 161 & 170)

Herkunftsländer

Woher die begleiteten und unbegleiteten Flüchtlinge stammen, ist sehr unterschiedlich. Die Menschenrechtssituation im Herkunftsland, die Ausreisemöglichkeiten und die weltpolitischen Ereignisse verändern sich stetig.

Bei Kinder und Jugendlichen die gemeinsam mit ihren Eltern fliehen, sind es vor allem das ehemalige Jugoslawien und die Türkei, sowie Pakistan, Irak und Afghanistan. Unbegleitet Minderjährige fliehen überwiegend auch aus den afrikanischen Staaten, Armenien, Syrien und dem Irak. Auch die unterschiedliche Verteilung der jungen Flüchtlinge ist besonders. Sie kommen mit Schleusern oder Fluchthelfern in die BRD. Ein Schleuser bringt die Flüchtlinge auf einem Weg, den bereits kennt und auch schon andere Flüchtlinge nach Deutschland gebracht hat. (vgl. Angenendt 2000, S. 33- 34)

Bei der Anlage findet man die aktuellen Herkunftsländer und auch die momentane Verteilung auf die einzelnen Bundesländer. Die unbegleiteten Minderjährigen sind ungleich in den Bundesgebieten verteilt. Innerhalb der Bundesländer gibt es aber große

Unterscheide bei der Verteilung in städtischen Gebieten und im ländlichen Raum. Vor allem die Ballungsgebiete und Großstädte sind Hauptzielorte. So z.B. Berlin, Frankfurt, Hamburg und München. Dies ist meist auf die grenznahe Lage der Städte oder ihre internationalen Häfen und Flughäfen zurückzuführen. In einer Großstadt besteht eher die Möglichkeit anonym und unauffällig zu leben. Außerdem ist es einfacher auf Landsleute zu treffen oder sogar bei Verwandten oder Bekannten unterzukommen. Eventuell ist eine Verdienstmöglichkeit in der Großstadt einfacher wie im ländlichen Raum. Ein weiterer Punkt ist es, dass nur wenige Jugendliche in dem Bundesland oder der Stadt bleiben in der sie zugeteilt wurden, sondern wieder in die Stadt ihrer Erstaufnahme zurückkehren. (vgl. Peter 2001, S. 25)

Besondere Schutzbedürftigkeit

Alle Flüchtlinge haben ein gleiches Schicksal, nämlich dass sie ihre Heimat unfreiwillig verlassen mussten. Doch Kinder und Jugendliche haben eine erhöhte Schutzbedürftigkeit. Die Kinder und Jugendlichen sind auf sich alleine in einem fremden Land gestellt und brauchen die Unterstützung und Hilfe. In wichtigen Entwicklungsphasen der jungen Menschen wurden sie aus ihren Familien oder ihrer gewohnten Umgebung gerissen und haben während der Flucht oft traumatische Erfahrungen gemacht. Sie sind sozial, psychisch und körperlich einer starken Verletzlichkeit ausgesetzt. Die Kinder und Jugendlichen sind somit doppelt belastet, sie haben eine strapaziöse Reise hinter sich und reisen ohne jegliche Bezugsperson. (vgl. Ehring 2008, S. 40)

Rechtliche Rahmenbedingungen:

Internationale Bestimmungen

Aufgrund der vielen rechtlichen Bestimmungen, möchte ich mich überwind kurz mit der, Un- Kinderrechtskonvention, den Genfer Flüchtlingsabkommen auf internationaler Ebene beschäftigen.

Das „Übereinkommen über die Rechte des Kindes" ist das wichtigste internationale Abkommen zum Schutz von Kinder und Jugendlichen. Mittlerweile haben fast alle Staaten der Welt die UN- Kinderrechtskonvention unterzeichnet. (vgl. Angenendt 2000, S. 35) Das nationale Recht soll so gestaltet sein, dass das Kindeswohl nicht gefährdet ist. Jedes Kind soll vor Hunger, Armut, Gewalt, Folter, vor Drogen und Ausbeutung geschützt werden. Sie sollen Sorge dafür tragen, dass besonders belastete und gefährdet Kinder, Schutz und Fürsorge erhalten. Die BRD hat das Abkommen aber nur unter Vorbehalt unterzeichnet. Jedoch sei, so die BRD, das deutsche Asyl- Ausländerrechts so gestaltet, dass diese durch keine Bestimmungen der Konvention eingeschränkt werden soll. (vgl. Angenendt 2000, S. 35)

Den nächsten Punkt den ich auf internationaler Ebene ansprechen möchte ist die Genfer Flüchtlingskonvention. Dies bildet die Grundlage des internationalen Schutzes für Flüchtlinge, sowie für das Amt des Hohen Flüchtlings Kommissars der Vereinten Nationen. In der GFK gibt es keine Altersbestimmungen. Die Regelungen gelten für Erwachsene und Kinder und ebenso für unbegleitete Minderjährige. Die GFK stellt es den Staaten frei, wenn sie als Flüchtling aufnehmen. Es begründet kein Recht auf Asyl, sondern gibt nur denen das Recht, die bereits Asyl haben. Der Art.33 Abs. 1 GFK beschreibt das Zurückweisen wie folgt. „Keiner der vertragschließenden Staaten wird einen Flüchtling auf irgendeine Weise über die Grenzen von Gebieten ausweisen oder zurückweisen, in denen sein Leben oder seine Freiheit wegen seiner Rasse, Religion, Staatsangehörigkeit, seiner Zugehörigkeit zu einer bestimmten sozialen Gruppe oder wegen seiner politischen Überzeugung bedroht sein würde" (Nuscheler 2004, S. 187).

Nationale Bestimmungen

Auf nationaler Ebene möchte ich mich mit dem GG, dem BGB, dem Aufenthaltsgesetz und dem Asylverfahren auseinander setzen. Auf nationaler Ebene ist das Grundgesetz maßgebliches Recht. Auf dieser Grundlage ergeben sich die Schutzregelungen für Flüchtlinge. Art. 1-3 GG sind sehr wichtig, vorwiegend möchte ich aber auch den Art. 16a GG verweisen, welche Grundlage für das deutsche Asylrecht ist. (siehe auch Anlage). Dieser Art. 16a GG wird aber sehr stark von den Absätzen 2 bis 4 eingeschränkt. So können Abschiebungen, unabhängig von einem Rechtsbehelf vollzogen werden. Die Flüchtlinge werden in Sichere Drittstaaten oder in sichere Herkunftsländer abgeschoben. (Vgl. Jordan 2000, S. 30)

Im BGB ist besonders der § 1 BGB von besondere Bedeutung. Dieser regelt die Volljährigkeit mit der Vollendung 18. Lebensjahres. Im Haager Minderjährigenabkommen ist geregelt, dass das Jugendamt dem Minderjährigen eine gesetzliche Vertreterin bestellt. Hierbei möchte ich den § 1773 & § 1674 BGB erwähnen. Für mich hat aber der § 1631 Abs. 1 BGB eine wichtige Bedeutung. Die Personensorge umfasst das Recht und die Pflicht den Minderjährigen zu pflegen, erziehen, zu beaufsichtigen und ihren Aufenthalt zu bestimmen. Bei unter 16 jährigen, Kinder und Jugendlichen, obliegt der Asylantrag dem Vormund. Bei Jugendlichen über 16 Jahren erhalten diese nur eine gesetzliche Vertretung, wenn ein besonderer Hilfebedarf festgestellt wird. (vgl. Jordan 2000, S. 74)

Das Aufenthaltsgesetz ersetzt das Ausländerrecht und erhält Bestimmungen über die Einreise, den Aufenthalt und die Integration von ausländischen Staatsbürgerinnen in die BRD. § 2 Aufenhaltsgesetz definiert den „Ausländer", mit allen Menschen, die nach Art.116 GG nicht als Deutsche gelten. Ausgeschlossen sind aber Bürgerinnen der Europäischen Union. (vgl. Heinbold 2006, S. 12) § 80 Aufenhaltsgesetz ist die wichtiges

Bestimmung für Minderjährige. Sie werden mit Erwachsenen gleichgesetzt und somit auch von der Zurückweisung oder Zurückschiebung nicht ausgenommen. (vgl. Deutscher Caritasverband 2014, S. 36)

Den letzten Punkt den ich ansprechen will ist das Asylverfahrensgesetz. Es regelt die Rechtsstellung von Flüchtlingen und Asylbewerberinnen, deren Unterbringung und Anträge. Das Gesetz gilt für Flüchtlinge, die Schutz als politisch Verfolgte suchen oder Schutz vor Abscheidung beantragen da in ihrem Land, ihr Leben oder ihre Freiheit bedroht ist. Die Eigenschaft als Flüchtling und Asylbewerber ist aber nicht gleich. Wer asylberechtigt ist, wird zwar als Flüchtling gesehen aber nicht anders herum. Die Asylberechtigung lässt sich in drei wichtige Punkt einteilen.

Es muss eine Verfolgung im Herkunftsland stattfinden, deswegen kommt zu einer Flucht nach Deutschland und hier wird ein Antrag auf Asyl gestellt. Dies wird alles im Asylverfahren ermittelt. Hierbei wird auch die Zuerkennung der Flüchtlingseigenschaft beantragt. Fehlt nur einer dieser Punkte, wird kein Asyl gewährt. Asyl kommt auch nicht in Betracht, wenn der Asylbewerber aus einem sicheren Herkunftsland kommt oder einen sicheren Drittstaat eingereist ist.

Es kann aber auch ein Abschiebungsschutz beantragt werden. Dies ist aber nur möglich, wenn zuvor kein Asylverfahren betrieben wurde. Wenn dies aber geschehen ist, kann ein Wiederaufgreifsantrag zum Abschiebungsverbot gestellt werden. (vgl. Deutscher Caritasverband 2014, S. 98) Durch die Anerkennung der Flüchtlingseigenschaft besteht eine Aufenthaltserlaubnis, zunächst für 3 Jahre. In diesen drei Jahren prüft das Bundesamt die Flüchtlingseigenschaft erneut. Wenn kein Widerruf stattfindet, hat der Flüchtling eine Niderlassungserlaubnis. Familienangehörige können ebenfalls als Flüchtlinge anerkannt werden. (vgl. Marohn 2007, S. 38-39)

Soziale Arbeit mit minderjährigen Flüchtlingen:

Einrichtungen für Minderjährige

Im Clearingverfahren werden die Minderjährigen in einer Erstversorgungseinrichtung aufgenommen. Oberstes Ziel ist die Klärung der Situation und die Perspektiven für die Minderjährigen. Dabei werden die persönlichen Daten abgeklärt, das Alter und der pädagogische Hilfebedarf. Bei Jugendlichen die keine Ausweispapiere bei sich haben oder das angegebene Alter nicht geglaubt wird kommt es zu einer Altersfestsetzung die in den meisten Bundesländern als kritisch zu erachten ist. Wenn die Jugendlichen über 16 Jahren sind, wird kein Vormund mehr bestellt und es erfolgt keine Unterstützung bei der Sicherung des Aufenthaltes oder anderen Belangen. Flüchtlinge die unter 16 Jahren sind werden vom zuständigen Jugendamt in Obhut genommen. Dabei wird auch ein Vormund bestellt. Man unterscheidet die Amtsvormundschaft, welche vom Jugendamt übernommen wird und die Einzelvormundschaft, die von einer Person gewährleistet wird. Sie kümmern sich um die Unterbringung, Personensorge, Vermögenssorge und die gesetzliche Vertretung. (vgl. Meißner 2003, S. 204)

Hilfe zur Erziehung wird nach dem SGB VIII gewährt und die Kinder und Jugendlichen werden in eine Pflegefamilie, Jugendhilfeeinrichtung oder in Hotels, Pensionen untergebracht. Die meisten Flüchtlingskinder sind aber in Einrichtung nach § 34 SGB VIII, d.h. betreute Wohngruppen oder Heime. Der größte Teil der Jugendliche wird in Jugendhilfeangeboten betreut, welche nicht speziell auf die Zielgruppe konzipiert wurden. Das kann auch heißen, dass nicht alle Institutionen und Fachkräfte, auf die Aufgaben vorbereitet sind. Ebenso kann dabei die Qualität der Jugendhilfeeinrichtungen variieren. Zum einen gibt es klassische Großheime ohne Spezialisierung und auf der anderen Seite spezielle Einrichtungen mit muttersprachlichen Mitarbeiterinnen. (vgl. Ehring 2008, S. 56) Jugendliche im Alter zwischen 16- 18 Jahren kommen in vielen Bundesländern in das Verteilungsverfahren für Asylbewerber und bekommen keine pädagogische Hilfe. Ohne Beratung und Betreuung werden die Jugendlichen angehört und es wird entschieden, ob sie Asyl bekommen oder nicht. (vgl. Meißner 2003, S. 200)

Das Clearingverfahren soll den Jugendlichen helfen, sich auf die Anforderungen der Jugendhilfeeinrichtungen einzustellen. D.h. ihre momentane Lebenssituation und die Notwenigkeit der Zukunftsgestaltung zu verstehen. Im Clearingverfahren übernehmen die Betreuerinnen die Aufsichtspflicht und gestalten einen strukturierten Alltag. Durch die Zusammensetzung im Clearinghaus kann es immer wieder zu Konflikten kommen und die Jugendlichen je nach Sozialisation und biographischen Erfahrungen überfordern. Dabei müssen die Minderjährigen lernen sich an Regeln zu halten und verschiedene Kulturen und Religionen zu akzeptieren. Aufgrund der Mehrfachbelastungen haben die Flüchtlinge oft einen sehr hohen emotionalen Druck. Sie haben Ängste, Depressionen und zeigen sowohl psychosomatische als auch psychosoziale Störungen, welches das Einfinden in die neue Gesellschaft erschwert. (vgl. Ehring 2008, S. 43- 45)

Aufgaben der Sozialen Arbeit

Die Unterstützung bei der Entwicklung einer stabilen Persönlichkeit und dem Aufbau eines selbständigen Lebens sind wichtige Aufträge der Sozialen Arbeit. Die Heranwachsenden sind mit sehr viel Unsicherheit bezüglich ihren Zukunftsperspektiven konfrontiert. Die Flüchtlinge habe das Gefühl des ausgeliefert seins, wenn sie nach der Beendigung des Konfliktes wieder in ihr Herkunftsland zurückgehen sollen. Der Status des Asylbewerbers hat dabei deutliche Einflüsse auf das Selbst- Fremdbild der

Menschen. Für die Soziale Arbeit ist hierbei besonders die Stärkung der Fähigkeiten und Ressourcen bedeutsam. Durch professionelle pädagogische Arbeit können die Kinder und Jugendlichen entsprechend ihre Lebensphase behandelt werden.

Sie sollen ihre Lebensphasen ausleben, Grenzen kennenlernen und ein sinnvolle Lebensplanung erfahren. Das Aufgabenfeld der Flüchtlingsarbeit erfordert eine erweitere Wahrnehmung. Nicht nur die Betreuung und Förderung der Kinder und Jugendlichen, sondern auch viele Randgebiete der Sozialen Arbeit sind zu berücksichtigen. So etwa die Arbeit mit traumatisierten Flüchtlingen. Die Soziale Arbeit setzt sich aber auch mit vielfältigen Spannungsfeldern auseinander. So etwa die Integration und den Schutz des SGB VIII, aber auch bezüglich des Asylrechts. Wodurch sich eine eventuelle Abschiebung und ein Ausbildungsverbot ergeben. Wichtige Aufgaben möchte ich hier beschreiben.

So etwa Prävention, was bedeutet, den Minderjährigen eine angemessene Unterbringung zu schaffen, sowie die Akzeptanz aus dem Umfeld bzw. der Region zu stärken. Hiermit könnte eine sinnvolle Integration und Normalisierung stattfinden. Durch angemessene Lebensräume und Bedingungen können die jungen Flüchtlinge eine stabile Identität bilden und trotz ihrer Schwierigkeiten handlungsfähig bleiben. Die Orientierung am Alltag ist dabei auch besonders wichtig. Die Jugendlichen sollen die Möglichkeit haben ohne große Hürden, Hilfeangebote und Beratung zu finden und wahrzunehmen. Diese bedeutet aber auch, einen ganzheitlichen Blick zu erhalten. Indem man die subjektiven Erfahrungen und Bedürfnisse berücksichtigt und die Möglichkeiten und Chancen aufzeigt. (vgl. Riedelsheimer 2004, S. 152+153)

Sicherung des Kindeswohl

Die Sicherung des Kindeswohls ist wohl einer der grundlegenden Aufgabenbereiche der Sozialen Arbeit. Vor allem im Spannungsfeld zwischen SGB VIII und Asyl-Ausländerrecht. In der BRD sind alle Kinder und Jugendliche die das 18. Lebensjahr noch nicht erreicht haben minderjährig. Dies korrespondiert auf internationaler Ebene mit dem Arti. 12 des Haager Minderjährigen Abkommens und des Art.1 der UN- Konvention. Für Kinder und Jugendliche bis zum 16. Lebensjahr, wird automatisch ein Jugendhilfebedarf festgelegt. Minderjährige Flüchtlinge die aber das 16. Lebensjahr erreicht haben gelten in der BRD wie Erwachsene und sind aus dem Jugendhilfesystem ausgeschlossen. Sie leben in Gemeinschaftsunterkünften und erhalten selten Hilfe und Unterstützung. (vgl. Riedelsheimer 2004, S. 162) Auch junge Flüchtlinge die im Familienverband nach Deutschland kommen, sind zwar aufgrund ihrer Familie nicht völlig auf sich alleine gestellt, werden aber aus diesem Grund nicht ins Kinder- Jugendhilfegesetz unterstellt. D.h. sie fallen auch ins allgemeine Asylrecht. (vgl.Bohmeyer 2009, S. 61) Die soziale Arbeit muss dabei das Kindeswohl aller minderjährigen Flüchtlinge sichern. Es bedarf einer Klarstellung auf gesetzlicher Ebene aber auch bei den Jugendämtern bezüglich der UN- Konvention. Kindeswohl bedeutet in diesem Zusammenhang, Zugang zur Jugendhilfe zu gewährleisten, ohne Ausweisungsgrund. Außerdem bedeutet es einen Zugang zu Bildung und Ausbildung zu erhalten. Durch die schwierige asylrechtliche Situation, wird es Teil der Soziale Arbeit, den Status der Minderjährigen zu klären. Wenn Minderjährige das 16. Lebensjahr noch nicht erreicht haben ist dies Aufgabe des Vormundes. Vor der Stellung des Asylantrages muss überprüft werden, ob eine Familienzusammenführung zustande kommen kann. Dabei muss sichergestellt werden, wie Betreuung und Versorgung aussehen kann. Vor der Antragstellung sollte geschaut werden, ob es humanitäre Gründe waren das Land zu verlassen oder asylrelevante. Im ersten Falle könnte man eine Aufenhaltsbefugnis beantragen. Jugendliche die das 16. Lebensjahr erreicht haben sind bei mit dieser komplexen Situation völlig auf sich alleine gestellt und damit häufig überfordert. Neben psychischen Beeinträchtigungen, haben die Jugendlichen nur geringen Zugang zur Sprache und zu den gesetzlichen Vorschriften. (vgl. Riedelsheimer 2004, S. 164)

Bildung und Ausbildung

Eine schulische und berufliche Bildung ist unabdingbar. Jedoch sind diese Bereiche oft nicht garantiert. In allen Bundesländern besteht ein Recht auf Schulbesuch bzw. sie unterliegen der Schulpflicht. Jedoch zeigt die Beschulung der Kinder verschiedene Probleme, die aufgrund des Status oder der Flucht anknüpfen. Der unsichere Aufenthaltsstatus, birgt Unsicherheiten und Restriktionen, denen die Flüchtlinge ausgesetzt sind. In der Schule gibt es viel Anlässe wo sie ausgegrenzt werden. So z.B. bei einer Klassenfahrt. Hierbei muss eine Genehmigung beantragt werden, da die Kinder und Jugendlichen der Residenzpflicht unterliegen. Des Weiteren können die Eltern dies auch nicht finanzieren. (vgl. Zey – Kleyer 2003, S. 179) Da auch viele Jugendliche mit 16 oder 17 Jahren nach Deutschland kommen, unterliegen sie oft nicht mehr der allgemeinen Schulpflicht. Diese Gruppe hat nur wenige Chancen einen Schulabschluss zu erreichen, da sich Berufsschulen oder allgemeinbildende Schulen oft nicht zuständig fühlen. Ein weiteres Problem ist, dass die Kinder und Jugendlichen, die in Deutschland ihre Schullaufbahn aufgenommen haben, keine Anspruch an der Teilnahme an einem Sprachkurs haben. (vgl. Deutscher Caritasverband 2014, S. 138) Private Träger versuchen diese Problematik des staatlichen Schulwesens aufzufangen. Doch es bedarf einer Veränderung, dass alle Flüchtlingskinder ihr Recht auf Bildung wahrnehmen können. In allen Bundesländern muss es eine gesetzliche Schulpflicht für Flüchtlinge geben. Die Kinder müssen die Schule auch erreichen können, d.h. Unterkünfte können nicht an Randgebiete verlagert werden.

Das Kinder und Jugendliche am Schulbesuch teilnehmen können, bedarf einer finanziellen Unterstützung für Material oder Schulessen. Auch die schulischen Angebote müssen sich an den Bedürfnissen der Flüchtlinge orientieren. Sie können durch zusätzliche Unterrichtseinheiten in Deutsch gefördert werden und so auch den Stoff der Regelklasse verstehen. Auch Flüchtlinge ab dem 16. Lebensjahr sollen eine Chance auf Bildung und weiterführende Schulen erhalten. (vgl. Bohmeyer 2009, S. 282-283)

Auch die Ausbildung oder Berufsaufnahme ist für Flüchtlinge mit großen Hürden verbunden. Bei einer nicht vorhanden schulischen Voraussetzung, brauchen sie auch eine Arbeitserlaubnis, um eine Ausbildung zu beginnen. Dies muss wiederrum durch einen gesicherten Aufenthaltsstatus gesichert sein. Flüchtlinge erhalten aber nur einen Ausbildungs- Arbeitsplatz wenn dieser nicht mit deutschen Bewerbern, EU- Bürgern oder anderen berechtigten Ausländern besetzt werden kann. Jugendliche mit einer Aufenthaltsgenehmigung unterliegen aber weiterhin in den ersten 9 Monaten einem generellen Arbeitsverbot. Die Aufnahme zur einen Berufsausbildung ist aber zustimmungsfrei. Minderjährige Flüchtlinge unterliegen aber der Residenzpflicht, d.h. die Aufnahme der Ausbildung oder Arbeit kann scheitern, da die Jugendlichen ihre räumliche Beschränkung nicht verlassen dürfen. Ein weiteres Problem ist, dass viele Arbeitgeberinnen befürchten, dass die Ausländerinnen für die Dauer der Ausbildung keine Aufenthaltsgestattung erhalten, sodass sie die Jugendlichen häufig erst gar nicht einstellen. (vgl. Deutscher Caritasverband 2014, S. 139) Die jungen Erwachsenen die sowieso aus der Jugendhilfe ausgeschlossen sind haben dabei nur wenige Chancen eine schulische oder berufliche Bildung zu erhalten. (vgl. Fritz 2004, S. 158-160) Dieser verengte Handlungsspielraum, beeinflusst die Jugendlichen bereits bei der beruflichen Orientierung und Entscheidungsfindung. Weil ihnen der Arbeitsmarkt versperrt bleibt, wechseln manche Jugendliche in andere Schulen, ohne dass ihnen dieser Abschluss eine neue Perspektive eröffnet. Andere Jugendliche resignieren auch angesichts ihrer Perspektiven, sodass sie häufig die Motivation verlieren. Außerdem steigt dann auch das Risiko eine illegale Beschäftigung anzunehmen. Dies setzt auch viele junge Flüchtlinge unter Druck, denn sie sollen ja auch etwas zum Familieneinkommen beitragen. (vgl. Zey-Kleyer 2003, S. 185)

Umgang mit Sprache und Kultur

Die Minderjährigen brauchen ein hohes Maß an Flexibilität und Anpassungsfähigkeit, um sich mit den zwei Kulturen und der Sprache auseinander zu setzen. Das Ziel der Sozialen Arbeit soll dabei sein, die Minderjährigen dabei zu unterstützen sich mit der Kultur des Herkunftslandes und des Exillandes auseinanderzusetzen.

Dabei sind Verwandte und Bekannte aus dem eigenen Kulturkreis hilfreich. Da kann man sich austauschen und zu einer Gemeinschaft werden. Hierbei können sich soziale Beziehungen bilden und wichtige kulturelle Bezugspunkte hergestellt werden. Die Sozialarbeiterinnen kann hier die Rolle übernehmen, die heimatlichen Gewohnheiten zu unterstützen aber einen Rückzug zu vermeiden. Dabei ist die interkulturelle Denkweise und Haltung besonders wichtig. Die Haltung und das Bewusstsein für Vielfalt und Toleranz. Dies äußert sich durch Beobachtung und Selbstreflexion. Dazu gehört sich aber auch selbst kritisch wahrzunehmen und die eigenen Vorstellungen zu hinterfragen. Sich mit den eigenen Vorurteilen auseinanderzusetzen sowie das Verstehen der Fremdbilder der Gesellschaft. Dies setzt auch die Grundhaltung des Respektes und der Wertschätzung gegenüber anders Denkenden voraus. (vgl. Ehring 2008, S.74)

Nicht nur das Lernen der neuen Sprache und der Erhalt der kulturellen Gegebenheiten aus dem Herkunftsland, sondern auch die Auseinandersetzung mit den unterschiedlichen Religionen und Gewohnheiten. Auch andere Rollenerwartungen und Lebensentwürfe müssen beachten werden. Dies kann mit freizeit- bildungspädagogischen Angeboten erreicht werden. (vgl. Fritz 2004, S. 160)

Psychosoziale Unterstützung

Die Kinderflüchtlinge brauchen um sich sozial entwickeln zu können, vor allem ein sicheres Umfeld. Dazu gehören die Aufenthaltssicherung, die materielle Versorgung und das Gefühl der Akzeptanz. Dabei ist eine Integration in die Wohn-, Schul-, Ausbildungssituation besonders wichtig. Hier sind auch therapeutische Konzepte zur Aufarbeitung von Traumata von Bedeutung. Neben der Bewahrung der Ich Identität des Herkunftsländern und der Bezugnahme zur neuen Kultur, bedarf es auch einer Ich – Entwicklung. Kinder und Jugendliche werden aus ihren Familien herausgerissen und in eine neue Welt hineingeworfen. Sie sind mit vielfältigen Erfahrungen konfrontiert und fühlen sich einsam. Sie verlieren ihre Orientierungspunkte aus der Herkunftsfamilie und fühlen sich unterlegen und nicht handlungsfähig. Außerdem sind sie meist ohne ihre Eltern auf der Flucht. Sie sind mit fremden Gesetzen und Gegebenheiten konfrontiert, welche sie überfordern und Entscheidungen abverlangen, die sie meist nicht treffen können. Sie flüchten in der Phase der Adoleszenz, welche von Verunsicherungen der Identitätssuche geprägt ist, welches meist auch Folgen für den weiteren Lebensweg der Flüchtlinge hat. (vgl. Ehring 2008, S. 47-49)

Zugang zu Sozialleistungen

Asylsuchende, Kriegsflüchtlinge, Geduldete, Ausreisepflichtige und Personen mit einer Aufenthaltserlaubnis erhalten Leistungen zur Lebensunterhaltssicherung durch das Asylbewerberleistungsgesetz. Die Grundleistungen sind als Sachleistung zu erbringen.

Außerdem wir dein Taschengeld für persönliche Bedarfe gezahlt. Bisher gibt es keine Neuregelung, da die alten Gesetze vom Bundesverfassungsgericht als unzureichend definiert wurden. Die Länder haben sich aber bisher geeinigt einen Bedarfssatz festzulegen. Dieser beträgt 346 Euro für einen Erwachsenen und 134 Euro Taschengeld. Bedarfsätze nach § 3 Asylbewerberleistungsgesetz auch für Kinder und Jugendliche befinden sich im Anhang. Für Bürgerkriegsflüchtlinge, Ausreisepflichtige und Geduldet gilt nach Abschluss des Asylverfahrens weiterhin nur die Leistung des Asylbewerbergesetzes. Ausländerinnen mit einem Aufenthaltstitel oder anerkannte Asylberechtigte, haben Zugang zu leistungsrechtlichen Ansprüchen wie Sozialhilfe und Grundsicherung. Ebenso zu Wohngeld und Kindergeld. Wenn Jugendliche und junge Erwachsene ein Bleiberecht haben, haben sie ebenso Zugang zu Ausbildungsförderung.

Für Kinder und Jugendliche, die 16. Lebensjahr noch nicht erreicht haben, gilt überwiegend das SGB VIII. „Das SGB VIII gewährt kinder- und jugendspezifische Förderung" (Deutscher Caritasverband 2014, S. 133). Auch Hilfen zur Erziehung , sowie Heimerziehung. Wird diese Hilfe gewährt, ist hierbei die Sicherung des Lebensunterhaltes gesichert. (vgl. Deutscher Caritasverband 2014, S. 32)

Wohnraum und medizinscher Versorgung

Noch immer werden junge Flüchtlinge gemeinsam mit ihrer Familie oder auch alleine in Gemeinschaftsunterkünften untergebracht. Es gibt keinen Anspruch auf eine Wohnung. Dies obliegt der zuständigen Behörde. In den meisten Gemeinschaftsunterkünften ist es zu eng, sie liegen außerhalb der Gemeinden und es gibt kaum geeignete Räume um sich zurück zu ziehen. Außerdem ist damit ein eingeschränkter Zugang zu Bildungs- Sporteinrichtungen verbunden. So können wenig soziale Kontakte nach draußen entstehen. Auch das enge Zusammenleben der Menschen aus unterschiedlichen Ländern und Kulturen kann belastend wirken. Viele Flüchtlinge leiden an psychischen Störungen und Traumatisierungen, die durch das enge Zusammenleben noch verstärkt werden. Des Weiteren gilt die Residenzpflicht. D.h. es gibt kein Recht auf Freizügigkeit. Der Flüchtling darf den Landkreis bzw. die Gemeinden nicht ohne eine Genehmigung verlassen. (vgl. Bohmeyer 2009, S. 63)

Für junge Flüchtlinge die kein Bleiberecht haben, wird medizinische Hilfe nur in Notfällen gewährt oder bei akuten Schmerzzuständen. Dies gilt ebenso für minderjährige Flüchtlinge. Nur Kinder und Jugendliche die nach dem Kinder- Jugendhilfegesetz betreut werden, gibt es eine standarisierte Versorgung. Ein weiteres Problem ist die Versorgung von Kinder und Jugendlichen mit psychischen Auffälligkeiten. Eine kultursensible Behandlung und Versorgung ist bisher nicht gegeben. Durch die gravierende Beeinträchtigung und Angstzustände der Flüchtlinge im Herkunftsland aber den jetzigen

Ängsten, werden die Verhaltensweisen und die Entwicklung der jungen Menschen beeinträchtigt. (vgl. Bohmeyer 2009, S.65)

Professionelle Öffentlichkeitsarbeit

Öffentlichkeitsarbeit soll die Beziehungen innerhalb der Organisation und für die Organisation wichtige Öffentlichkeit pflegen. Dabei soll eine gute Kommunikation stattfinden, um die Organisationsziele zu erreichen und diese mit den Bezugsgruppen weiterzuentwickeln. Professionelle Öffentlichkeitsarbeit ist besonders aufgrund der immer werdenden knappen Mittel notwendig. Hierbei können neue Finanzierungswege und Einrichtungen an Wertschätzung gewinnen. Einrichtungen müssen hierbei transparenter werden und sich mit dem Interesse der Öffentlichkeit auseinandersetzen. Das Selbstverständnis der Sozialen Arbeit ergibt sich aus der Verpflichtung sich für benachteiligte Gruppen einzusetzen. Sozialarbeiterinnen müssen die Öffentlichkeit über die Missstände und fehlenden Regelungen aufklären, um den Menschen bessere Lebensbedingung zu ermöglichen. (vgl. Schwend 2004, S. 241-243) Ebenso ist ein politisches Mandat notwendig. Damit ist gemeint, dass Soziale Arbeit keine Gesetze und Vorschriften beseitigen kann, jedoch deren Auswirkungen kompensieren. Sie können praktische Hilfe leisten, wie durch Beratung und Unterstützung. Aber sie können vor allem die Interessen der Flüchtlinge vertreten und sich in die öffentliche Stellungnahme einbringen. (vgl. Ehring 2008, S. 78)

Schluss/ Fazit

Die Weltgesellschaft ist durch eine strake Ambivalenz gekennzeichnet. Einerseits werden Grenzen geöffnet, durchlässig und andererseits werden diese geschlossen. Die Entscheidungsmöglichkeit der Menschen wird dadurch stark eingeschränkt. Die Medien liefern der Gesellschaft häufig ein verzerrtes Bild von Apathie, Desorganisation und Panik der Flüchtlingsströme. Flüchtlinge sind aber auch Akteure und Flüchtlingsbewegungen entstehen nicht zufällig. Flüchtlinge werden gemacht. Der Staat gibt seinen Bürgern zu wenig Sicherheit. Es kommt zu Korruption, Instabilität und politischen Fehlentscheidungen. (vgl. Treiber 2008, S. 172)

Die Schicksale der Flüchtlinge die nach Deutschland kommen sind höchst verschieden. Die Flucht ist durch schreckliche Umstände bestimmt und die Menschen sind auf der Suche nach einem sicheren und guten Leben für sich und ihre Kinder. Das Asylbewerberleistungsgesetz marginalisiert die Flüchtlinge. Diese Ausgrenzung hat gravierende Folgen für die Eltern und ihre Kinder. Sie sind davon ausgeschlossen eine Berufsausbildung zu machen, eine bezahlbare Arbeit aufzunehmen und sich dadurch selbst zu versorgen.

In der BRD und in den anderen Ländern die Flüchtlinge aufnehmen, muss eine am Kinderwohl orientierte Politik hergestellt werden. So muss meiner Sichtweise nach, die Volljährigkeit ab 18 Jahren in jeglicher Hinsicht gelten. Dies muss gesetzliche verankert und umgesetzt werden. Die Kinder und Jugendlichen sollen in Einrichtungen untergebracht waren, wo sie Hilfe und Unterstützung erfahren und nicht in Sammelunterkünften. Ein Altersbestimmungsverfahren sollte abgeschafft oder kindergerecht umgesetzt werden. Mein Standpunkt ist aber auch, dass die Kinder und Jugendlichen mehr Sicherheit brauchen. Die ständige Angst abgeschoben zu werden oder völlig auf sich allein gestellt zu sein, muss verändert werden. Ich denke hierbei braucht es eine Veränderung der Gesellschaft. Zum einen muss die Gesellschaft über die Situation der Flüchtlinge unterrichtet werden, aber auch die Öffentlichkeit muss ihren Blickwinkel zu mehr Verantwortung und Mitgefühl öffnen. Wichtige erachte ich außerdem eine familiäre Zusammenführung zu veranlassen und seine interkulturellen Kompetenzen zu verbessern. Ein weiterer besonders wichtiger Aspekt ist für mich, denn Zugang zu Bildung (Schule und Arbeit) zu ermöglichen.

Soziale Arbeit mit Kinderflüchtlingen ist eine Herausforderung. Sie müssen ihre Lebenssituation bewältigen und ihre Zukunft gestalten. Dies kann aber nur funktionieren, wenn man den Flüchtlingen, Hilfe, Unterstützung anbietet und sich der komplexen Situation stellt, trotz der Schwierigkeiten. Die Soziale Arbeit muss meiner Ansicht nach vielfältige Aufgaben im pädagogischen und psychologischen Bereich übernehmen. Außerdem braucht man interkulturelle Kompetenzen und einen hohen politischen und rechtlichen Einsatz. Nur eine orientierte Arbeit an der Klientel kann Hilfe bieten. Das Feld der Flüchtlingshilfe ist sicherlich stark belastet von dem doppelten Mandat. Denn einerseits soll man den Kinder und Jugendlichen, Betreuung und Hilfe anbieten, sie in Schule und Ausbildung integrieren, aber sie dann auch immer wieder darauf hinzuweisen, dass ihr Aufenthalt nicht gesichert ist. Dadurch erhalten die Flüchtlinge nur eine sehr kurze Lebensperspektive was sehr frustrieren und traurig ist. Da ich mich bei der Seminararbeit bereist auf minderjährige Flüchtlinge spezialisiert habe, ist es trotzdem ein enorm großes Arbeitsfeld. Für mich war es schwer, die rechtliche Situation und die Rahmenbedingungen zu verstehen und bei diesen vielen Regelungen den Überblick zu erhalten. Dies war sehr aufwendig und an manchen Stellen auch kompliziert. Ich habe mir an vielen Abschnitten meiner Ausarbeitung überlegt, wie das ein Minderjähriger ohne Unterstützung schaffen soll, bzw. wie kann dies ein traumatisierter Mensch denn alles begreifen? Für die Soziale Arbeit erfordert dies einen ganzheitlichen Blick und viele wichtige fachliche Kenntnisse.

Abkürzungen

Abs.	Absatz
Art.	Artikel
BGB	Bürgerliches Gesetzbuch
BRD	Bundesrepublik Deutschland
Bsp.	Beispiel
d.h.	das heißt
etc.	et cetera
GG	Grundgesetz
GFK	Genfer Flüchtlingskonvention
Hg.	Herausgeber
Hrsg.	Herausgeber
SGB	Sozialgesetzbuch
UNHCR	United Nations High Commissioner for Refugees
usw.	und so weiter
z.B.	zum Beispiel
§	Paragraph
%	Prozent

Anlage

Abbildung 1: Asylantragsteller nach den zehn häufigsten Herkunftsländer (erstes Halbjahr 2014).

Die Abbildung musste wegen urheberrechtlichen Gründen vom Lektorat entfernt werden.

http://www.schneider-breitenbrunn.de/2015-07/zehntausende-missbrauchen-asylrecht/

Abbildung 2: Verteilungsquoten nach dem Königsteiner Schlüssel

Die Abbildung musste wegen urheberrechtlichen Gründen vom Lektorat entfernt werden.

http://www.bpb.de/gesellschaft/migration/newsletter/195055/fluechtlingsunterbringung-in-deutschland

Art 16a

(1) Politisch Verfolgte genießen Asylrecht.

(2) Auf Absatz 1 kann sich nicht berufen, wer aus einem Mitgliedstaat der Europäischen Gemeinschaften oder aus einem anderen Drittstaat einreist, in dem die Anwendung des Abkommens über die Rechtsstellung der Flüchtlinge und der Konvention zum Schutze der Menschenrechte und Grundfreiheiten sichergestellt ist. Die Staaten außerhalb der Europäischen Gemeinschaften, auf die die Voraussetzungen des Satzes 1 zutreffen, werden durch Gesetz, das der Zustimmung des Bundesrates bedarf, bestimmt. In den Fällen des Satzes 1 können aufenthaltsbeendende Maßnahmen unabhängig von einem hiergegen eingelegten Rechtsbehelf vollzogen werden.

(3) Durch Gesetz, das der Zustimmung des Bundesrates bedarf, können Staaten bestimmt werden, bei denen auf Grund der Rechtslage, der Rechtsanwendung und der allgemeinen politischen Verhältnisse gewährleistet erscheint, dass dort weder politische Verfolgung noch unmenschliche oder erniedrigende Bestrafung oder Behandlung stattfindet. Es wird vermutet, dass ein Ausländer aus einem solchen Staat nicht verfolgt wird, solange er nicht Tatsachen vorträgt, die die Annahme begründen, dass er entgegen dieser Vermutung politisch verfolgt wird.

(4) Die Vollziehung aufenthaltsbeendender Maßnahmen wird in den Fällen des Absatzes 3 und in anderen Fällen, die offensichtlich unbegründet sind oder als offensichtlich unbegründet gelten, durch das Gericht nur ausgesetzt, wenn ernstliche Zweifel an der Rechtmäßigkeit der Maßnahme bestehen; der Prüfungsumfang kann eingeschränkt werden und verspätetes Vorbringen unberücksichtigt bleiben. Das Nähere ist durch Gesetz zu bestimmen.

(5) Die Absätze 1 bis 4 stehen völkerrechtlichen Verträgen von Mitgliedstaaten der Europäischen Gemeinschaften untereinander und mit dritten Staaten nicht entgegen, die unter Beachtung der Verpflichtungen aus dem Abkommen über die Rechtsstellung der Flüchtlinge und der Konvention zum Schutze der Menschenrechte und Grundfreiheiten, deren Anwendung in den Vertragsstaaten sichergestellt sein muss, Zuständigkeitsregelungen für die Prüfung von Asylbegehren einschließlich der gegenseitigen Anerkennung von Asylentscheidungen treffen.

Grundlage: Regelbedarfsstufen (RS) nach § 8 RBEG	Monatliche Leistungen in 2012		
	Grundleistungen zur Sicherung des **physischen Existenzminimums** (§ 3 Abs. 2 Satz 2 AsylbLG)	Geldbetrag zur Deckung des **soziokulturellen Existenzminimums** (§ 3 Abs. 1 Satz 4 AsylbLG, sogenanntes **Taschengeld**),	Leistungen nach § 3 AsylbLG; **insgesamt**
RS 1: Alleinstehende oder alleinerziehende Erwachsene	212 €	134 €	**346 €**
RS 2: Ehe- bzw. Lebenspartner	191 €	120 €	**311 €**
RS 3: haushaltsangehörige Erwachsene	170 €	107 €	**277 €**
RS 4: Kinder von Beginn 15. bis Vollendung 18. Lebensjahr	192 €	79 €	**271 €**
RS 5: Kinder von Beginn 7. bis Vollendung 14. Lebensjahres	152 €	86 €	**238 €**
RS 6: Kinder bis zur Vollendung des 6. Lebensjahres	127 €	78 €	**205 €**

http://www.nds-fluerat.org/8824/aktuelles/asylbewerberleistungsgesetz-neue-bundesweit-einheitliche-saetze/

Literaturverzeichnis

Angenendt, Steffen (2000): Kinder auf der Flucht, minderjährige Flüchtlinge in Deutschland, Opladen: Leske und Budrich

Balluseck, Hilde von (Hrsg.) (2003): Minderjährige Flüchtlinge. Sozialisationsbedingungen, Akkulturationsstrategien und Unterstützungssysteme, Opladen: Leske und Budrich.

Bohmeyer, Axel; Kurzke-Massmeier, Stefan (Hg.) (2009): Bildung für junge Flüchtlinge- ein Menschenrecht. Erfahrungen, Grundlagen und Perspektiven, Bielefeld: W. Bertelsmann Verlag

Deutscher Caritasverband, Referat Migration und Integration (Hg.) (2014): Unbegleitete minderjährige Flüchtlinge in Deutschland. Rechtliche Vorgaben und deren Umsetzung, Freiburg: Lambertus Verlag

Duff, Daniela (2008) : Abenteuer Europa oder die Suche nach dem besseren Leben. Minderjährige allein unterwegs, Norderstedt: Books on Demand GmbH

Ehring, Wally-Marianne (2008) : Unbegleitet minderjährige Flüchtlinge. Ihre rechtliche Stellung in Deutschland und Anforderungen an die Soziale Arbeit

Fritz, Florian; Groner, Frank (Hrsg.) (2004): Wartesaal Deutschland. Ein Handbuch für die Soziale Arbeit mit Flüchtlingen, Stuttgart: Lucius& Lucius Verlagsgesellschaft

Heinhold, Hubert (2006): Das Aufenthaltsgesetz, Karlsruhe: von Loeper Verlag

Jordan, Silke (2000) : Kinderflüchtlinge: Allein in Deutschland, Karlsruhe: von Loeper Verlag

Kauffmann, Heiko (1999) : Kinderflüchtlinge in der Bundesrepublik Deutschland, In: Woge e.V. und Institut für soziale Arbeit e.V. (HG.) (1999): Handbuch der Sozialen Arbeit mit Kinderflüchtlingen, Münster: Votum Verlag GmbH

Marohn, Katrin (2007): Unbegleitete minderjährige Flüchtlinge. Rechtliche Grundlagen für die Arbeit mit der Zielgruppe und praktische Umsetzung des Clearingverfahrens in Deutschland, Hochschule Esslingen: Diplomarbeit.

Meißner, Andreas (2003) : Einrichtungen für unbegleitete Minderjährige, In: Von Ballusek, Hilde (2003): Minderjährige Flüchtlingen. Sozialisationsbedingungen, Akkulturationsstrategien und Unterstützungssysteme, Opladen: Leske und Budrich.

Melter, Claus (2000): Zwischen Aktion und Resignation. Flüchtlinge und Initiativgruppen im Widerstand gegen Abschiebungen, Karlsruhe: Von Loeper Verlag

Nuscheler, Franz (2004): Internationale Migration, Flucht und Asyl, Wiesbaden: VS Verlag für Sozialwissenschaften

Peter, Erich (2001) : Das Recht der Flüchtlingskinder, Karlsruhe: Von Loeper Verlag

Pro Asyl (Hrsg.) (2011): Aufnehmen statt abwehren. Flucht, Asyl und zivilrechtliches Engagement, Karlsruhe: Von Loeper Verlag

Reinhold (Hrsg.); Meier-Braun, Karl- Heinz (2013): Deutschland Einwanderungsland. Begriffe- Fakten- Kontroversen, Stuttgart: Kohlhammer Verlag GmbH

Riedelsheimer, Albert; Jordan, Silke: (2004): Soziale Arbeit mit Flüchtlingskindern- Anregungen zur Umsetzung einer komplexen Aufgabe, IN: Fritz, Florian; Groner, Frank (2004): Wartesaal Deutschland. Ein Handbuch für die Soziale Arbeit mit Flüchtlingen, Stuttgart: Lucius& Lucius Verlagsgesellschaft

Schwend, Carmen (2004): Professionelle Öffentlichkeitsarbeit, In: Fritz, Florian; Groner, Frank (2004): Wartesaal Deutschland. Ein Handbuch für die Soziale Arbeit mit Flüchtlingen, Stuttgart: Lucius& Lucius Verlagsgesellschaft

Treibel, Annette (2008): Migration in modernen Gesellschaften. Soziale Folgen von Einwanderung, Gastarbeit und Flucht, Weinheim und München: Juventa Verlag Weber,

Woge e.V. und Institut für soziale Arbeit e.V. (HG.) (1999): Handbuch der Sozialen Arbeit mit Kinderflüchtlingen, Münster: Votum Verlag GmbH

Zey- Kleyer, Nele (2003): Berufsorientierung junger Flüchtlinge, In: Balluseck, Hilde von (Hrsg.) (2003): Minderjährige Flüchtlinge. Sozialisationsbedingungen, Akkulturationsstrategien und Unterstützungssysteme, Opladen: Leske und Budrich.

http://www.gesetze-im-internet.de/ [22.11.2014]

https://www.jurion.de/Gesetze/GFK/1 [21.11.2014]

http://www.nds-fluerat.org/8824/aktuelles/asylbewerberleistungsgesetz-neue-bundesweit-einheitliche-saetze/ [24.11.2014]